Los modelos son reales

Editorial Gustavo Gili, SL

Rosselló 87-89, 08029 Barcelona, España. Tel. 93 322 81 61
Valle de Bravo 21, 53050 Naucalpan, México. Tel. 55 60 60 11
Praceta Notícias da Amadora 4-B, 2700-606 Amadora, Portugal. Tel. 21 491 09 36

Olafur Eliasson

Los modelos son reales

GG **mín**ima

Títulos originales
"Models are Real", publicado originalmente en Abruzzo, Emily; Ellingson, Eric y Solomon, Jonathan D. (eds.), *Models* (Vol. 11), 306090 Books, Nueva York, 2007.
"Your Engagement has Consequences", publicado originalmente en Ridgway, Emma (ed.), *Experiment Marathon*, Serpentine Gallery/Reykjavik Art Museum, Reikiavik, 2009.

Colección GGmínima
Editores de la colección: Carmen H. Bordas, Moisés Puente
Versión castellana: Moisés Puente
Diseño Gráfico: Toni Cabré/Editorial Gustavo Gili, SL

Cualquier forma de reproducción, distribución, comunicación pública o transformación de esta obra sólo puede ser realizada con la autorización de sus titulares, salvo excepción prevista por la ley. Diríjase a CEDRO (Centro Español de Derechos Reprográficos, www.cedro.org) si necesita fotocopiar o escanear algún fragmento de esta obra. La Editorial no se pronuncia ni expresa ni implícitamente respecto a la exactitud de la información contenida en este libro, razón por la cual no puede asumir ningún tipo de responsabilidad en caso de error u omisión.

© de la traducción: Moisés Puente
© del texto y de las imágenes: Olafur Eliasson
de esta edición
© Editorial Gustavo Gili, SL, Barcelona, 2009

Printed in Spain
ISBN: 978-84-252-2279-5
Depósito legal: B. 2082-2009
Impresión: Gráficas Campás, sa, Badalona

Índice

Los modelos son reales
2007

Para entender, habitar y evaluar el espacio, resulta crucial reconocer su aspecto temporal. El espacio no existe simplemente en el tiempo; es *del* tiempo. Las acciones de sus usuarios recrean continuamente sus estructuras. A menudo, se olvida o se reprime esta condición, pues generalmente la sociedad occidental todavía está basada en la idea de un espacio estático no negociable. Los intereses comerciales también alimentan esta idea a medida que la gente se ha ido dando cuenta de que los objetos estáticos y los espacios objetivos son más comercializables que sus equivalentes relativos e inestables. Cuando se piensa en los entornos como estables, tendemos a perder un sentimiento de responsabilidad por los medios en donde nos movemos. El espacio se convierte en un fondo para la interacción más que en un coproductor de interacción. No obstante, lo que se produce es, de hecho, un movimiento doble: la interacción del usuario con otra gente coproduce el espacio que, a su vez, es un coproductor de interacción. Al centrar nuestra acción en este cambio crítico, es posible llevar nuestra responsabilidad espacial a primer plano.

Estudio de movimiento de 2008 con una impresión tridimensional
de *The endless study in three dimensions* (2006).

En los últimos cuarenta años, numerosos artistas y teóricos han criticado repetidamente una concepción estática del espacio y de los objetos. La idea de objetividad ha sido sustituida en parte por estrategias de representación, por la noción de lo efímero, de la negociación y del cambio; sin embargo, en la actualidad la crítica es más pertinente que nunca. Parece necesario insistir en una alternativa que reconozca la conexión fundamental y la interacción entre espacio y tiempo *y* nosotros mismos; puesto que los modelos se componen de dos cualidades fundamentales —estructura y tiempo—, una manera de llamar la atención sobre nuestra coproducción de espacio es un examen minucioso de los modelos.

Dado que en general los objetos no son estáticos, tampoco lo son las obras de arte. Éstas existen en múltiples relaciones inestables que dependen tanto del contexto donde se presentan como de la variedad de respuestas por parte de los visitantes, o usuarios, otra palabra que utilizo para llamar la atención sobre la actividad del usuario.

Desde principios de la década de 1990, mi época de estudiante, en el discurso crítico artístico hemos considerado al visitante del museo como un componente de la obra de arte, una idea que resulta esencial en mi práctica actual. Para hacer hincapié en la negociabilidad de mis obras —instalaciones y grandes objetos espaciales similares—, no intento ocultar los medios técnicos sobre los que se basan. Hago que la construcción sea accesible a los visitantes con el fin de incentivar su conciencia de que cada obra de arte es una opción o un modelo. De este modo, las obras de arte son sistemas experimentales y las experiencias de éstas no se basan en una esencia que se encuentra en las obras en sí, sino en una opción activada por los usuarios.

Anteriormente, los modelos estaban concebidos como estaciones racionalizadas en el camino de un objeto perfecto. Por ejemplo, una maqueta de una casa formaría parte de una secuencia temporal, como el refinamiento de la imagen de la casa, pero se consideraba que la casa verdadera y real era una consecuencia estática y final de la maqueta. De este modo, el modelo era simplemente una imagen, una representación de la realidad que no era real en sí misma. Estamos siendo testigos de un cambio en la relación tradicional entre realidad y representación. Ya no evolucionamos del modelo a la realidad, sino del modelo al modelo, al tiempo que reconocemos que, en realidad, ambos modelos son reales. En consecuencia, podemos trabajar de un modo muy productivo con la realidad experimentada como un conglomerado de modelos. Más que considerar el modelo y la realidad como modalidades polarizadas, ahora funcionan al mismo nivel. Los modelos han pasado a ser coproductores de realidad.

Los modelos existen en varias formas y tamaños: objetos como casas y obras de arte son una de las variantes, pero también encontramos modelos de compromiso, modelos de percepción y de reflexión. En mi práctica artística trabajo tanto con modelos analógicos como digitales, modelos de pensamiento y otros experimentos que corresponden al modelo de una situación. Todo modelo muestra un grado diferente de representación, pero todos ellos son reales. Necesitamos reconocer que todos los espacios están impregnados de intenciones políticas e individuales, relaciones de poder y deseos que funcionan como modelos de compromiso con el mundo. Ningún espacio carece de modelo. Esta condición no representa una pérdida, como muchos podrían pensar, al lamentar la eliminación de la presencia no mediada. Al contrario, la idea de que el mundo consiste en un conglomerado de modelos conlleva un potencial liberador puesto que hace posible la renegociación de nuestros entornos. Esto, a su vez, abre el potencial para reconocer las diferencias entre individuos. *Lo que tenemos en común es que somos diferentes*. La concepción del espacio estático y claramente definible pasa a ser, pues, insostenible e indeseable. Como agentes en el incesante modelado y remodelado de nuestros entornos y las vías en las que interactuamos, podemos abogar por la idea de la multiplicidad espacial y la coproducción.

Model room, 2003.
Vista de la instalación en Lunds Konsthall, Suecia, 2005.
Fotografía: Terje Östling.

Tu compromiso tiene consecuencias
2008

"La Física no ha encontrado líneas rectas,
sólo ha encontrado ondas; la Física no
ha encontrado sólidos, sólo campos
de acontecimientos de alta frecuencia.
EL UNIVERSO NO SE AJUSTA A UN MARCO
DE REFERENCIA TRIDIMENSIONAL
PERPENDICULAR-PARALELO. El universo
de la energía física se está siempre
expandiendo de forma divergente (radiante)
o se contrae de forma convergente
(gravitatoria)".

Richard Buckminster Fuller

Todo se sitúa dentro de un proceso; todo
está en movimiento. Esto no sólo se aplica a
sistemas globales, como sociedades enteras
o al desarrollo de un motor de búsqueda
internacional en Internet, sino que también
es aplicable a nuestra percepción de un
espacio dado, ahora mismo, y a nuestra
interacción con otras personas. Todas estas
relaciones evolucionan y no se emplazan
meramente en su tiempo; son *del* tiempo.

A pesar de ello, la cultura contemporánea
tiene tendencia a objetivar una enorme

cantidad de sistemas, relaciones, situaciones e ideas al privarlas de su dimensión temporal. En consecuencia, hemos crecido acostumbrados a considerar los objetos atemporales y nuestra concepción del espacio se ha formalizado. En especial, la industria del entretenimiento ha desarrollado una estrategia de comunicación que omite conscientemente la noción de temporalidad, puesto que esto hace más fácil armar utopías y deseos universales para los consumidores. La separación entre el tiempo y los objetos viene muy estipulada, pues, por objetivos comerciales.

En este corto ensayo espero reintroducir por medio de dos casos de estudio una conciencia del tiempo como un elemento constitutivo de los objetos y de nuestros entornos. El primero de ellos examina la relación entre una idea y el tiempo, mientras que el otro explora las vibraciones como un lenguaje con el que describir el espacio. Al centrarse en el tiempo y en las vibraciones, podemos crear una perspectiva —una construcción, por supuesto— a partir de la cual emerja una concepción espacial alternativa.

Veamos la reintroducción del tiempo en la materia mediante un pequeño modelo para la ocasión:

1 Idea
Una idea o concepto es procesual.

2 Aplicación de la forma a la idea
Para comunicar una idea tengo que encontrar un lenguaje para ella. De este modo, el contenido encuentra una forma y, con el fin de que el experimento siga siendo sencillo, podemos afirmar que la forma pasa a ser la "portadora" del contenido (aunque la relación entre contenido y forma en realidad es mucho más compleja).

3 Comunicación de la idea
La forma aplicada a una idea no es sólo la que yo mismo escojo. Cuando circula, toda idea toma unas dimensiones y un significado que yo no he considerado y que no podía prever, con independencia de que sean o no productivos para mi idea original. Por tanto, las formas son temporales, están atrapadas

en el tejido del intercambio, teñidas de modo constante por las negociaciones y renego-ciaciones que se producen en sus entornos, mientras el tiempo añade relatividad a la idea a medida que recorre el mundo. Desafortunadamente, la mercantilización global tanto de las formas como de nuestros sentidos ha llevado a considerar que la idea de un objeto relativo o maleable es contra-producente para el núcleo del sistema de valores capitalista.

4 El tiempo es personal

El reloj no es nuestra única herramienta para medir el tiempo. Parece más tentador hablar de *tu* tiempo y de *mi* tiempo, es decir, de la experiencia vivida del tiempo en lugar de preocuparse por la construcción universal de la temporalidad que tanta gente da por sentada. Lo que para mí es rápido a ti te puede parecer lento. No se trata sólo de que nuestras experiencias inmediatas sean un tema subjetivo; nuestros recuerdos y expectativas también tienen un impacto muy personal en nuestras percepciones.

5 Tu secuencia de compromiso (YES)

A efectos de prueba de laboratorio científico, debería darse un nombre a la relatividad que inevitablemente introduce el compromiso temporal: yo sugiero YES (*Your Engagement Sequence*; en castellano: tu secuencia de compromiso). YES afina nuestra atención al tiempo, al movimiento y a la variabilidad. Hace que lo que normalmente se considera verdadero sea relativo. Siempre que se haga una presunta declaración verdadera, debes añadir YES con el fin de relacionar, alcanzar y hacer uso de la declaración. Al considerar YES como un elemento central de nuestras percepciones, puedes negociar el dogma rector de la intemporalidad y la objetividad estática, enfatizando así tu res-ponsabilidad en la configuración de la situa-ción concreta.

6 Consecuencias

Si una idea sólo existe como un proceso, echa por tierra la definición tradicional de verdad y no verdad. Y cuando los objetos conciernen a varios factores, como el contexto y el compromiso, incluso la comunicación

básica parece convertirse en un desafío,
en especial porque el lenguaje que habitual-
mente utilizamos para hablar y escribir se ve
potenciado por tendencias de comunicación
dentro de la sociedad moderna que no
favorecen tales relatividades. Si aceptamos
e implementamos la relatividad de la supuesta
verdad utilizando YES, podremos conseguir
un sentido general de responsabilidad en
nuestra relación con nuestro entorno.
Dicho de otro modo, el compromiso tiene
consecuencias y éstas implican una mayor
sensación de responsabilidad.

Esto no es más que un modelo y con él
simplemente quiero sugerir unos pocos
principios esquemáticos que pueden ilustrar
la idea general de que la experiencia es una
construcción cultural.

En la vida contemporánea no sólo se ha
formalizado el tiempo, también el espacio
—que en esencia es inseparable del tiempo—
se ha hecho estable. Influenciados por
un punto de vista esencialmente moderno,
hemos desarrollado —conscientemente

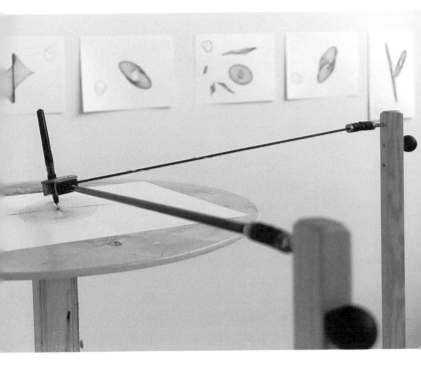

The endless study, 2005.
Vista de la instalación en Lunds Konsthall, Suecia, 2005.
Fotografía: Terje Östling.

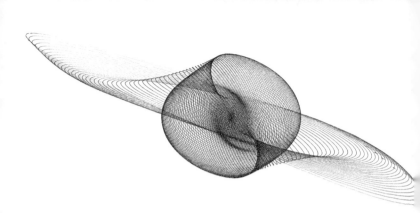

The endless study, 2005, dibujo en blanco y negro.

o no— la idea de una relación causal entre un tipo de espacio adecuado y la vida buena como tal. Incluso después del final del posmodernismo, todavía encontramos que los dogmas modernos dominan nuestra concepción de espacio.

Por otro lado, si se dan a la gente herramientas y se le hace entender la importancia de un espacio en esencia flexible, podemos crear un modo más democrático de orientarnos en nuestras vidas cotidianas. Podríamos llamar a nuestra relación con el espacio una relación de coproducción: cuando alguien camina por una calle coproduce la espacialidad de la calle y, simultáneamente, se ve coproducido por ella.

Esto nos conduce más allá de la concepción clásica euclidiana del espacio, que consta de tres dimensiones —altura, longitud y profundidad— que definen el objeto por su relación con cada una de ellas. A partir de este sistema, se ha desarrollado otra concepción del espacio, la teoría de la topología, en la que el aspecto temporal de los objetos y de los espacios es crucial. En este caso, tradicionalmente se hace referencia al tiempo como la cuarta dimensión. Donde el sistema clásico era un sistema de coordenadas en un campo claramente definido, la topología ve los objetos moviéndose en el tiempo, añadiendo así la duración a la altura, la longitud y la profundidad. Los objetos o figuras topológicos nunca son estáticos. Y para continuar con el experimento descrito anteriormente, sugeriría que introdujéramos un componente más, otra dimensión: las categorías objetivas están conectadas a la vida de un individuo mediante su compromiso

con la situación; YES. La quinta dimensión
sólo es posible cuando está presente la cuarta
dimensión; sin la temporalidad, la idea de
compromiso no tiene sentido. YES crea una
perspectiva personal en el mundo; perso-
naliza el resto de dimensiones del espacio.
Me interesa el potencial inherente en otorgar
al individuo esta dimensionalidad como una
especie de herramienta que puede relativizar
el resto de dimensiones sobre las que se
basa nuestra concepción espacial.

YES es sólo una herramienta con la que
poder crear alternativas a la concepción
moderna del espacio. Otra herramienta son
las ondas, que pueden ser ondas de información, pero también de comunicación
de información mediante ondas físicas,
como las microondas, las ondas largas
y la frecuencia. La electricidad es un tipo de
onda, como lo son mis palabras, que salen
de mi boca en forma de aire condensado,
se propagan de forma radiante y penetran
en tus oídos. También la luz que absorben
nuestros ojos normalmente se percibe
como ondas.

The endless study in three dimensions, 2005,
prueba con luz de bombilla.

En mi estudio he desarrollado, junto a un grupo de arquitectos, un sistema de tres péndulos oscilantes por el que se obtiene un pequeño punto mesurable —la suma de los movimientos combinados de los péndulos— capaz de moverse en tres dimensiones. Esta máquina de vibración es un desarrollo espacial de lo que tradicionalmente se conoce como harmonógrafo, que existe en varias versiones, casi siempre bidimensionales; por ejemplo, con sólo dos péndulos. Al vincular cada péndulo con un interfaz digital, puedo atribuirles las coordenadas $x, y, z,$ y después dibujar digitalmente el resultado espacial de las tres frecuencias. Por ejemplo, es fácil afinarlos a un acorde en do mayor, haciendo que un péndulo suene en do, otro en mi y otro en sol. Si se les da la frecuencia correcta, el acorde es armonioso y las vibraciones forman un conjunto ordenado. Esto se solidifica con el tiempo, dibujando así el contorno de un objeto tridimensional en el espacio. En otras palabras, las vibraciones sonoras pueden convertirse en un objeto tangible. Es casi como construir un modelo. Uno podría desarrollar este experimento en extensas áreas de espacio mediante la conversión de acordes armónicos en formas espaciales. Si se utilizaran para todo un concierto, como la *Quinta sinfonía* de Beethoven, podríamos construir una ciudad entera.

Al crear formas espaciotemporales basadas exclusivamente en vibraciones y dimensionadas mediante mi harmonógrafo tridimensional no trato tanto de buscar las especificidades matemáticas y computacionales de la máquina como la posibilidad de inscribir los conocimientos derivados del experimento en un contexto espacial más amplio. Y, como es obvio, la arquitectura está compuesta de otros materiales además de la piedra, el hormigón y el acero. La música y el sonido también tienen consecuencias para nuestra experiencia del espacio; de hecho, son co-constitutivas, conformando nuestros entornos de una manera bastante literal. Como con mi ejemplo inicial, la máquina de vibraciones sólo debería considerarse como un modelo, un medio a través del cual podemos hacer que las situaciones espaciales no negociables sean más negociables.

The endless study in three dimensions series, 2006,
prueba con luces LED.

Al contemplar varios tipos de ondas, podemos atribuir diferentes dimensiones a un espacio en constante transformación.

Los campos de ondas tienen conexión con mi interés intrínseco en la exploración de la relación que se establece entre visitante y obra de arte. La experiencia del espacio —al caminar por la calle, por ejemplo— es una negociación en la que tiene lugar una co-creación. A lo que estoy apuntando es a intentar aislar la negociación o el compromiso; es decir, no mirar a la persona ni a la calle, sino a lo que está entre medias.

Las imágenes tridimensionales creadas por mi harmonógrafo constituyen un intento básico por conseguirlo.

Por último, se podría preguntar qué papel juega el arte en esta prolongada discusión sobre el tiempo y el espacio. Para decirlo de una manera sencilla, me interesa realizar el papel del arte como un agente social y descubrir que puede contribuir con reflexiones de naturaleza espacial; también puede tener un impacto político, social y estético en prácticas no artísticas.

El potencial del arte se hace patente mediante las actividades autorreflexivas de la gente comprometida activamente con él. En última instancia, el arte puede contribuir a cuestiones fundamentales sobre el desarrollo de nuestro sentimiento de individualidad e identidad. Mi interés no reside en el énfasis sobre una determinada identidad, sino más bien en las condiciones que tienen en cuenta la formulación de la identidad como un campo abierto caracterizado por una multiplicidad de voces. Desafortunadamente, el sistema de valores implícito en la sociedad en general tiende a favorecer identidades fijas y pocas voces basadas en conceptos limitados de lo que es bueno y malo, de lo aceptable y de lo inaceptable. Al enfrentarse a la mercantilización de la experiencia de la industria del entretenimiento que, al suspender el tiempo, excluye la relatividad, tienen que reconsiderarse seriamente las cuestiones acerca de la autorreflexión y de la identidad. Deberíamos evitar lo que podríamos llamar una *disneyficación* de la experiencia con el fin de dejar espacio para la evaluación, los sentimientos y los pensamientos individuales. Cuando se preserve la libertad de cada persona a experimentar algo que puede diferir de las experiencias de los otros, el arte será capaz de tener un impacto significativo tanto sobre el individuo como sobre la sociedad.